NOTICE

SUR

L'ÉGLISE SAINT NICOLAS DE BRAY-SUR-SOMME.

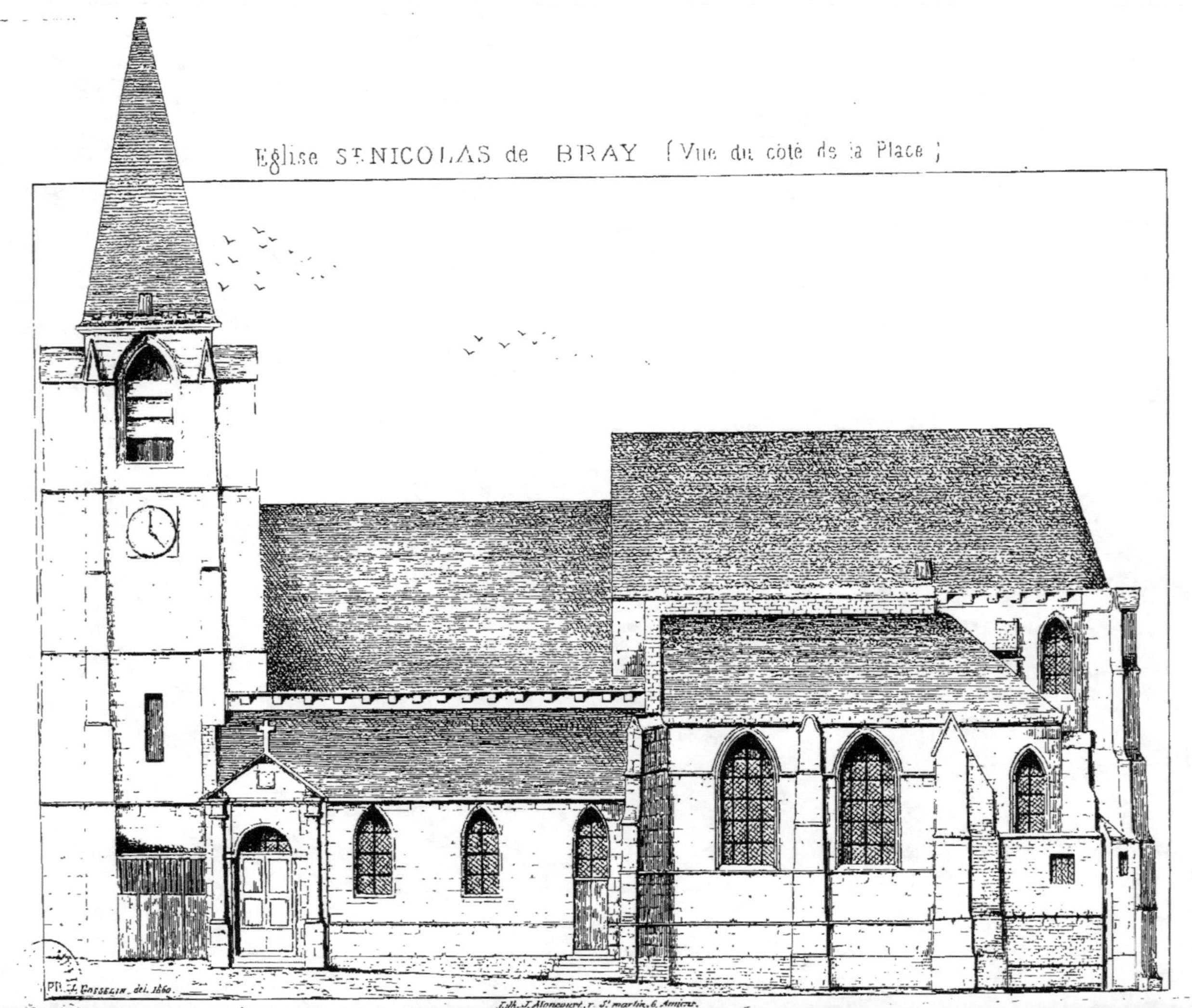

Eglise St.NICOLAS de BRAY (Vue du côté de la Place)

NOTICE

DESCRIPTIVE ET HISTORIQUE

SUR

L'ÉGLISE SAINT NICOLAS

DE BRAY-SUR-SOMME,

Par M. l'Abbé J. GOSSELIN,

Curé-Desservant de Marquivillers, ancien Vicaire de l'église saint Nicolas de Bray.

AMIENS,

IMPRIMERIE DE LENOEL-HEROUART,

RUE DES RABUISSONS, 10.

—

1862.

NOTICE

DESCRIPTIVE ET HISTORIQUE

SUR

L'ÉGLISE SAINT NICOLAS DE BRAY-SUR-SOMME.

I.

Caractères généraux de son architecture.

La petite ville de Bray possède une église, qui, par la variété de ses reconstructions successives, offre pour ainsi dire un spécimen de toutes les époques de l'architecture au moyen-âge, mais dont les parties principales, respectées par le temps, révèlent cependant la hardiesse et l'élégance du style ogival mystique du XIIIᵉ siècle.

Quand on considère cet édifice à l'extérieur, l'œil est frappé tout d'abord des transformations qu'il a subies à différentes époques, et que l'adresse des architectes n'a pas toujours su dissimuler assez. Il est vrai que parmi ces incohérences de l'art, quelques-unes, comme l'inégalité du chœur avec le reste du monument, ont pu n'être pas, et ne furent pas en effet, le fait des restaurateurs. Les guerres désastreuses qui, pendant tant d'années, ensanglantèrent le sol de la Picardie et ruinèrent ses populations ; les ravages et les incendies fréquents qui marchaient à leur suite, peuvent bien, sans qu'il soit besoin de recourir encore à l'affaiblissement de la foi, expliquer cette inégalité de construction qui se remarque d'ailleurs dans un grand nombre de monuments religieux du département (1). Mais il y a de ces anomalies, et le nombre en est malheureusement trop grand, qu'un goût plus judicieux, et une connaissance plus approfondie des règles eussent aisément évitées ; et si ce goût et cette connaissance avaient présidé aux réparations qui ont été faites, il y a trente ans, à l'église de Bray, on n'aurait pas à regretter aujourd'hui l'emploi de tous ces matériaux hétérogènes qui rompent l'uniformité de son appareil, et la présence de cette froide corniche de briques qui remplace de distance en distance, la belle corniche à modillons qui régnait autrefois tout autour de l'édifice, comme on la voit encore aujourd'hui sur le pourtour du chœur.

Quoi qu'il en soit, malgré la bizarrerie du coup-d'œil, on peut dire que, vue du côté de la place, et surtout du haut des falaises d'Etinehem, qui dominent la ville du côté du sud-ouest, cette église offre encore un aspect majestueux et imposant. Cette tour carrée, éperonnée à chacun de ses angles par deux piliers-butants aux formes massives et nues ; ces larges fenêtres des chapelles latérales, au milieu desquelles s'épanouissaient autrefois les meneaux flamboyants du XVe siècle ; et surtout ce chœur élevé et hardi, avec sa double rangée de fenêtres superposées, et séparées entre elles par des contreforts qui flanquent ses murailles jusqu'à une hauteur de plus de soixante-dix pieds ; tout cela témoigne

---

(1) Dusevel. Département de la Somme... Feuquières.

encore hautement de son importance primitive et de son ancienne splendeur.

L'église de Bray, comme la plupart des édifices religieux, élevés dans le cours du XIIe siècle, est orientée d'Occident en Orient, de manière à ce que l'abside reçoive la lumière du soleil levant. Mais son plan, tout en offrant des analogies avec celui des autres églises, élevées comme elle à cette époque de transformation romane, présente cependant certaines particularités dont on ne trouve pas alors d'exemple, même dans les églises de campagne.

L'édifice offre un carré long, sans transepts, terminé circulairement, et accompagné de bas-côtés finissant de même. Trois divisions longitudinales forment ainsi la nef principale et les bas-côtés. Toutefois, vers le milieu de la longueur totale du vaisseau, ces bas-côtés perdent environ un tiers de leur largeur, et vont ainsi en retrait jusqu'à la tour, qui ne conserve plus elle-même que la largeur de la nef principale. Tout porte à croire que cette disposition, si elle n'est pas celle de l'église primitive, date au moins de sa première restauration vers la fin du XVe siècle, et qu'on n'a fait que s'y conformer dans les grandes réparations subséquentes.

Deux portes donnent entrée dans l'église, et on peut dire qu'elles sont toutes les deux des constructions malheureuses, au double point de vue de la position et de l'art. La plus petite, percée il y a quelques années, pour faciliter aux fidèles la sortie de l'église, coupe, à un tiers de sa hauteur, une des trois fenêtres de la nef, et en continue les lignes (d'une manière bien imparfaite encore) jusqu'au niveau du pavé. L'entrée principale, élevée vers le milieu du siècle dernier, est une inepte construction d'ordre dorique, si tant est qu'il y ait un ordre, composée de deux colonnes dont les piédestaux et les entablements sont engagés dans des pilastres du même ordre. Le tout est surmonté d'un fronton triangulaire, au milieu duquel quelques pierres saillantes attendent encore leurs ornements.

Les chevets des deux chapelles latérales qui sont, avec le chœur, les parties les plus anciennes, en sont aussi aujourd'hui les plus défectueuses, surtout la partie du nord, qui conserve encore les marques ineffaçables d'un terrible incendie qui, en 1822, consuma près de la moitié de la ville.

L'intérieur du chœur, par ses belles dimensions, par la régularité et l'heureux accord de ses proportions, répond noblement aux idées de grandeur que la vue extérieure en fait concevoir. Le sanctuaire surtout, terminé en hémicycle comme la plupart de ceux du XIIIe siècle, percé de dix belles fenêtres, dont deux ont été sacrifiées pour la sacristie et pour un rétable d'autel indigne de figurer dans aucune église, nous révèle, dans sa belle voûte en éventail, une des constructions les plus élégantes du beau siècle de l'architecture gothique (1). C'est à tort que M. Decagny (2), se basant sur quelques clefs de voûte et sur le millésime de 1589 que porte une des arcades du chœur, ne fait remonter cette partie de l'édifice qu'à la dernière période du moyen-âge. Il suffit de jeter un coup-d'œil sur ses caractères architectoniques pour qu'on doive la reporter à une époque plus ap-

---

(1) C'est probablement à cette partie de l'église que se rapporte cet article d'un compte de la commune, en 1259, publié par M. Ch. Dufour : « au moustier de le vile refaire, vi liv. xv sols et iii den., et xviii sols et iii den. as verrières. »

(2) L'arrondissement de Péronne. — Bray-sur-Somme, pag. 218.

cienne. En effet, les arcatures surbaissées qui règnent sous chacune des fenêtres, et les chapiteaux ornés de feuillages et de monstres, que nous avons découverts nous-même sous les lambris informes qui les recouvrent; les baies à ogive obtuse, accompagnées, à l'intérieur et à l'extérieur, de deux colonnettes latérales qui reçoivent les retombées de l'archivolte; les nervures des voûtes, formées, comme celles des XIIe et XIIIe siècles, de trois tores dont les latéraux sont en retrait sur celui du milieu; tous ces caractères ne permettent pas de confondre cette partie de l'église de Bray avec les constructions du XVIe siècle (1). On peut achever de s'en convaincre à la seule inspection d'une partie de l'édifice qui est certainement de cette dernière époque, et qui avoisine celle dont nous parlons. Quant à la date et à la clef de voûte en pendentif, citées par M. Decagny, elles nous embarrassent peu. Il est vrai que cette pierre, au milieu de quatre écus laissés en blanc, en porte un sculpté aux armes des d'Humières, qui ne devinrent seigneurs de Bray qu'en 1551 (2), mais une réparation faite aux voûtes, à l'époque indiquée par le millésime de 1589, ne nous expliquerait-elle pas suffisamment la présence de ces chiffres et de ces armes, dont le raccord défectueux et le peu de fixité à l'intersection des nervures, accuse d'ailleurs un travail postérieur.

---

(1) Voyez : *Etudes archéologiques sur les monuments religieux de la Picardie*, par Woillez.

(2) Par suite de la mort de François de Montmorency. Les terres d'Encre et de Bray-sur-Somme lui avaient été données en 1524, en faveur de son mariage avec Charlotte d'Humières, par Louise de Néelle-Offemont, de l'ancienne maison de Clermont, et veuve de Jean de Bruges, à la condition que s'ils venaient à mourir sans enfants, ces deux terres resteraient dans la maison d'Humières.

Des deux chapelles latérales de cette église, celle de droite est dédiée à la sainte Vierge, celle de gauche à saint Pierre. Elles n'offrent plus de remarquable que leurs larges croisées où on aperçoit encore quelques restes des meneaux flamboyants dont elles étaient ornées. Entre ces croisées, et prenant sur un larmier disposé en forme de talon renversé, s'élèvent des pilastres demi cylindriques, qui, sur un fût dégarni de chapiteau, reçoivent la retombée des voûtes qu'on a démolies à grand effort de bras il y a trente ans, et qu'on a depuis remplacées par un ingrat et prosaïque plafond droit. Il n'y a plus de voûté aujourd'hui que leur vieil abside. Deux nervures en croix soutiennent leur voûte massive, et leur point de réunion est orné d'une rose grossièrement sculptée.

On peut apercevoir dans ces chapelles un vice remarquable de construction qui se représente aussi, tant à l'intérieur qu'à l'extérieur du sanctuaire ; c'est que les colonnettes latérales des fenêtres, aussi bien que celles qui reçoivent les nervures des voûtes, sont isolées, c'est-à-dire qu'elles ne font pas corps avec la maçonnerie dans laquelle leurs piédestaux et leurs entablements seuls sont engagés. Il est arrivé de là que quelques-unes d'entre elles se sont écartées sensiblement de la muraille, et que celles du dehors, soumises pendant si longtemps aux intempéries des saisons, ont disparu, en tout ou en partie, des endroits dont elles faisaient le principal ornement.

Au-dessus de l'arcade qui, à l'intérieur de l'église, détermine la naissance des ronds-points des chapelles, s'élevait autrefois un robuste arc-boutant ; décrivant un quart de cercle. et appuyé, à sa jonction avec la muraille, sur une colonne ornée d'un chapiteau, il neutralisait la poussée des grandes voûtes, non loin d'une petite rosace, aujourd'hui bouchée, mais qui s'ouvrait alors de chaque côté, au-dessus de l'entrée qui communique avec le chœur. Cet arc-boutant existe encore sous la toiture de la chapelle de saint Pierre, tandis qu'il a disparu de celle de la sainte Vierge. Il est probable que c'est à cette disparition qu'est dû le mouvement qui s'est opéré dans la muraille de droite. Au lieu de multiplier les tirants dont il était de mode de barder nos églises, au commencement du règne de Louis-Philippe; au lieu surtout d'abattre les voûtes des latéraux, sous prétexte d'empêcher l'écartement des murs, il eût été mieux de rétablir cet arc-boutant dans sa forme primitive, eût-il fallu même fortifier le massif de contreforts extérieurs qui devait lui servir de base ; on eût ainsi sauvegardé cette loi de la poussée, dont un grand nombre d'architectes ont longtemps méconnu l'harmonieux calcul, et on eût pu consolider pour longtemps encore un édifice, remarquable par son caractère et son antiquité, et dont il est difficile aujourd'hui de prévenir la ruine prochaine.

II.

Ameublement.

L'ameublement intérieur de l'église n'offre rien de remarquable, ni sous le rapport de l'art, ni sous celui de l'antiquité. Si l'on en excepte un Ecce Homo et une Vierge de douleurs, reproduction assez belle de deux chefs-d'œuvre du Titien, et le tableau de l'autel de saint Pierre, qui n'est pas tout à fait dénué d'expression, les quelques peintures que l'on y remarque n'ont absolument aucun mérite ; elles vont de pair avec les rétables des autels, si l'on peut donner ce nom à des lambris, dépouillés des ornements les plus ordinaires de la menuiserie, et où une peinture grossière joue à elle seule les effets de la sculpture. Ce qui forme aujourd'hui la partie la plus importante du mobilier de cette église, ce sont ses ornements sacerdotaux et les décorations des autels, qui contribuent tant à la pompe de ces cérémonies religieuses, dont le chœur, avec son beau marbre et ses vastes proportions, favorise encore la splendeur et la solennité. On y admire surtout une belle lampe en cuivre doré, du siècle de Louis XV, dont trois cariatides, les bras étendus, reçoivent les chaînons ; et un splendide ostensoir en vermeil, acheté il y a quelques années ; ses rayons, échappés d'un nuage qui s'élève lui-même d'une corbeille de raisins et de froment, sont supportés par un ange, dont la figure et les draperies sont traitées avec une perfection peu commune.

Lorsque la Révolution, du sein de la capitale où elle avait déjà commis tant d'horreurs, vint s'abattre sur nos provinces, traînant après elle la haine la plus profonde pour les œuvres vénérables qu'avaient élevées le vrai patriotisme et la foi, il se trouva, dans nos campagnes aussi, des hommes qui se firent ses agents, et rejetèrent des haillons qu'ils avaient jusque là portés sans reproche, pour revêtir les livrées d'une noblesse que Dieu voulait punir, mais qu'ils étaient incapables de remplacer. Il arrivait alors que la pauvreté de leur jugement, perçant à travers des actes qui ne passaient qu'à la faveur de l'épouvante commune, décelait la bassesse de leurs mœurs et de leur condition ; c'était la peau du lion qui, de temps en temps, laissait apercevoir le bout d'une oreille étrangère.

Bray eut aussi ses patriotes ; et un menuisier et un laboureur furent, pendant les jours mauvais de la Terreur, les deux citoyens qui se chargèrent de réclamer pour leur ville la part de franchise et de liberté que leur avait accordée la nation.

En conséquence, « le 28 pluviose, an II de la République
» une indivisible et impérissable, il fut arrêté que le décady
» prochain, il seroit procédé à la vente du reste des dé-
» pouilles du fanatisme dans la ci-devant Eglise aujourd'hui
» temple de la Raison, comme hôtel, armoire de la sacristie,
» estalle, et le pavé attendu que les assemblées populaires se
» tienne audit temple et que ledit pavé s'enlève de jour en
» jour ; le tous seroit vendu par demie cent au plus offrant et
» derniers enchérisseurs et argent comptant.... »

Conformément à cette délibération, et, « pour éteindre et
» anéantir les restans de vils dépouille de l'imposture du ca-
» gotisme et afin qu'il ne restât aucune espoire à nos fana-
» tiques de rétablire l'imposture,... » il fut, au profit de la
nation, procédé à ladite vente en la manière indiquée.

Les pavés des allées du temple, furent adjugés par demi
cent, et, en dépit de la délibération, par *carteron*, à différents
individus de la commune.

« Les fonts et leurs lambris furent adjugés pour 15 liv.

» L'hotel et ses degrés et la gloire pour 85 liv.

» L'hotel dans la chapel saint Pierre 40 liv.

» Les trois estalle du ci-devant curé et les trois du ci-devant
vicaire 42 liv.

» Le conffesional du côté gauche 31 liv. et celui du côté
droit 61 liv., etc., etc., (1). »

---

(1) Ce monument d'ignominie, auquel nous avons conservé fidèlement
sa forme et sa diction, est signé par nos deux patriotes et par un troisième
individu, alors greffier, dont il est inutile de rappeler le nom. En vérité,

S'il est permis de rire en ce triste sujet,

le rabot du citoyen menuisier n'était pas inutile ici.

Cette dernière pièce a été, heureusement, restituée par son adjudicataire, après les jours de la tourmente, et elle forme encore aujourd'hui une des parties les plus remarquables de l'ameublement intérieur de l'église. La corniche portait autrefois, au dessus de chacune des entrées latérales, deux corbeilles de fleurs, réunies entre elles par une guirlande également sculptée. On a eu le tort de les donner comme couronnement aux lambris de l'autel de la sainte Vierge ; bien que leur présence en cet endroit ne soit pas un contre-sens, elles n'y font pas l'effet qu'elles étaient destinées à produire sur le confessionnal.

Il n'est pas fait mention de la chaire dans l'énumération des objets vendus ; il est probable que le président des assemblées populaires s'en sera servi comme d'une tribune pour débiter ses périodes patriotiques, et que son utilité lui aura fait trouver grâce, plutôt encore que sa forme, empreinte cependant de la délicatesse et de l'élégance que l'on retrouve sur tous les ouvrage exécutés sous le règne de Louis XV. On s'est contenté de lui enlever, comme sentant trop le *cagotisme*, les têtes d'ange qui ornaient son cul-de-lampe, et les scoties qui supportent sur l'abat-voix l'ange de la résurrection. Ces derniers ornements ont été remplacés il y a quelques années, mais ceux qu'on voit aujourd'hui sont bien loin d'avoir la légéreté et la grâce que devaient avoir les anciens.

A l'époque de la Révolution, il n'y avait pas encore d'orgue dans l'église de Bray, et ce fut heureux ; car, au train dont la dévastation marchait, il était à craindre que ses tuyaux ne servissent de jouets aux marmots de l'endroit, qui chantaient fort bien alors : *Ah, ça ira !...* et dont le patriotisme prématuré éveillait déjà les sollicitudes paternelles. (1) L'orgue que l'on voit aujourd'hui ne fut placé dans l'église qu'en 1841. C'est un don manuel qui lui a été fait par M. Pierre Habart, ancien curé-doyen de Coulanges, demeurant alors à Crain (Yonne) et originaire de Bray. Il avait déjà, douze ans plus tôt, manifesté son intention à cet égard, il la réalisa en 1841, dans une lettre à M. Léméré, curé-doyen de cette paroisse. L'orgue fut ramené de Crain ; et comme il avait été originairement destiné à une petite église, on fut obligé d'y ajouter plusieurs jeux, qui ont proportionné sa force et sa puissance à la grandeur du vaisseau dans lequel il se trouve actuellement (1).

Les frais de voyage et de réparation furent couverts au moyen de quelques dons particuliers, d'une quête à domicile, et d'une vente d'arbres et de haute futaie, faite dans le bois de saint Nicolas, qui appartenait autrefois, moitié à la cure et moitié à la fabrique, et qui ne fut entièrement défriché qu'en 1850.

III.

Sépultures et pierres tombales.

L'église de Bray, à la fin du XVIIIe siècle, comptait dans son enceinte un grand nombre de pierres et d'inscriptions tumulaires ; car, sous l'humble pavé qui remplace aujourd'hui

---

(1) Voir : Registre de police, 15 août 1791.

(1) Ces jeux ajoutés sont au nombre de cinq : 1° un prestant; 2° une flûte en bois sonnant de huit pieds ; 3° Une flûte en plomb de deux pieds: 4° un clairon : 5° une voix humaine avec dessus de haut-bois. Ces travaux ont été exécutés par M. Charles Lefebvre, facteur d'orgues à Abbeville, plus vulgairement connu dans nos contrées sous le nom de frère Charles.

celui que les patriotes ont si indignement dévasté, bien des morts illustres ont été déposés. Cette église a cela de commun avec toutes celles qui, à la même importance, joignent la gloire d'avoir traversé autant de siècles, que les hommes qui ont joué quelque rôle dans l'histoire de la ville, ou rempli quelque charge dans son administration. y ont bien souvent choisi le lieu de leur sépulture. Il était d'ailleurs bien naturel et bien juste que cette église, qui les avait reçus à leur entrée dans la vie, et qui avait été si souvent l'objet de leur munificence et de leurs largesses, fût aussi la dépositaire de leurs dépouilles mortelles. Et si l'on se rappelle que bien souvent, la place où ils étaient inhumés, était précisément celle qu'ils avaient occupée pendant leur vie, et sur laquelle leurs descendants aussi devaient venir s'agenouiller et prier à leur tour, on comprendra aisément, qu'à une idée de reconnaissance était venue s'adjoindre une idée essentiellement morale, et qu'à la faveur des impressions que cette idée était de nature à produire, les vivants devaient trouver dans le voisinage de la mort, un aliment à cette foi qui fait le caractère distinctif des siècles du moyen-âge.

Le plus ancien document écrit qui nous soit parvenu, constatant ces inhumations à l'intérieur de l'église Saint-Nicolas de Bray, ne remonte qu'à l'année 1589, époque à laquelle Antoine Decamps, notaire royal en la ville de Bray, demande par son testament, daté du 2 septembre, « a estre » inhumé dans cette église, auprès de la sépulture de » François Decamps, son père (1) et de sa femme, ou devant

---

(1) C'est ce même François Decamps qui, avec Adrien de Briencourt parut en 1565, à la rédaction des coutumes de Péronne comme député du tiers-état.

» le crucifix, s'il plaît à Messieurs les curé. mareguilliers,
» maieur et eschevins de la ville, pour laquelle sépulture il
» donne à ladite église deux écus d'or, et davantage, si ses
» héritiers ont puissance de faire. » D'après cette pièce dont
nous reparlerons plus loin, il est facile de voir qu'à cette
époque, et jusqu'au milieu du siècle suivant, il n'y avait
point encore de droits d'inhumation réglés d'une manière
uniforme ; mais en 1678, nous les trouvons plus régulière-
ment établis. Les droits d'inhumation pour un enfant étaient
fixés à 3 liv., et pour une grande personne à 6 liv. On peut
s'en convaincre en parcourant les comptes de cette année :

« De M. François Joly, pour inhumation d'un enfant dans
l'église, 3 liv

» De Louise Defléchelle, pour l'inhumation de Louis
Defléchelle dans ladite église, 6 liv., etc.... »

Cependant tous les fidèles n'étaient pas indistinctement
admis dans toutes les parties de l'église. Sauf quelques
exceptions, le sanctuaire et le chœur, consacrés au sacrifice
et aux fonctions des prêtres, leur étaient aussi exclusivement
réservés ; et on trouve plusieurs exemples de curés et de
vicaires qui, comme Mᵉ Claude Le Sot, ancien curé de cette
paroisse, « avaient choisi pour lieu de leur sépulture dans
» l'église de Dieu et de Mʳ Saint-Nicolas de Bray, la place
» où ils étaient assis ordinairement quand ils faisaient fonc-
» tion du clergé. » (Testament de 1618). (1).

Conformément au même principe, plusieurs filles de
charité, comme sœur Marie-Thérèse Cauchon, et sœur Marie-

______

(1) M. Honoré Rogeré, ancien vicaire de Bray, fut inhumé le 17 mars 1693,
dans la chapelle de N.-D., au pied de l'autel où se disent ordinairement les
messes de tous les jours.

Magdeleine Delahaye, décédées, la première en juillet 1718, et la seconde en 1719, furent inhumées devant le banc même où elles avaient coutume de se placer pour assister aux offices.

Mais l'endroit de la nef situé devant le crucifix, est de toutes les places de l'église, celle qui semble avoir été affectionnée de préférence par les pieux bourgeois de la ville. La plupart demandaient expressément à y être enterrés, et ceux qui ne manifestaient pas cette intention, voulaient au moins qu'avant de les descendre dans la terre, on déposât leur cercueil devant ce crucifix, pour y chanter encore un *Vexilla Regis.*

Il est beau de lire à ce sujet la dernière volonté de ce même Claude Le Sot, dont nous venons de parler :

» Je veux que mon corps, porté par quatre hommes » d'église auxquels on donnera à chacun 5 sols, soit d'abord » déposé au-devant de l'image du crucifix, pour y être » chanté un *Vexilla Regis;* ensuite que pendant le chant » du *Salve Regina* il soit mis et inhumé au lieu de sa » sépulture. »

Et celle de Jean Bruhier, ancien maïeur et contrôleur des traites foraines, qui déjà s'exprimait ainsi en 1608 :

» Je veux que mon corps soit inhumé et enseveli dans » l'église paroissiale dudit Bray, au-devant du crucifix, pour » laquelle inhumation j'ai donné et donne la somme de » 100 sols. — Item veux et ordonne que mondit corps soit » porté dans la chapelle de N.-D. du cimetière de Bray, » par les confrères de la confrérie de charité établye en » l'église dudit Bray à la conduite du curé et gens d'église » de ladite paroisse, auquel lieu, et devant l'image de la » Vierge Marie sera chantée l'antienne de *Stabat Mater,* » avec le verset et oraison, et d'icelle sera rapporté et

» conduit au lieu de sa sépulture esleüe en l'église dudit
» Bray et au-devant de la représentation du crucifix, sera
» chanté *Vexilla Regis,* et sy l'heure est oportune seront
» chantées commandaces solennelles avec messe haute des
» trépassez. »

Ces pieux et fervents chrétiens, qui étendaient ainsi leur
sollicitude et leur prévoyance jusqu'après leur trépas, ne
sont pas les seuls dont l'église de Bray s'honore de posséder
les cendres. On vit encore s'y ranger successivement à leurs
côtés les seigneurs de Brunfay (1), les Souquet (2), les de
Channazart (3), un membre de cette famille des Décalogne
qu'ont illustrée l'innocence et les vertus d'un de ses der-

---

(1) La seigneurie de Brunfay était un petit fief mouvant de la châtellenie
de Bray, distant de 4 kilom. à peu près de la ville, et situé non loin de la
ferme de M. le marquis d'Estourmel, auprès de l'arbre gigantesque qui porte
encore le nom d'arbre de Brunfay. Il est probable que ce ne fut jamais
qu'une ferme, et la carte de Guillaume Delisle ne la désigne pas autrement.
Son antiquité toutefois n'est pas contestable. Elle existait déjà en 1374,
époque où Jean de Neelle, seigneur d'Offemont, donna au roi le dénombrement de sa châtellenie de Bray, et depuis lors nous voyons plus d'une fois
les noms des seigneurs de Brunfay figurer dans nos archives : 1° Outre celui
qu'on voit paraître dans le dénombrement précité, une pierre tombale nous
en rappelle deux autres, dont l'un du nom de Mahieu ; 2° En 1565, Réné de
Brunfay est appelé à la rédaction des coutumes de Péronne ; 3° Enfin, un
compte de la confrérie de Saint-Nicolas, rendu en 1675 par le procureur de
ladite confrérie, rapporte une donation qui lui a été faite par un autre Réné
de Brunfay, de deux journaux de terre à prendre du côté d'Etinehem au
chemin de Bannat. — Quant à la ferme, elle existait encore avec toutes ses
dépendances en 1709 ; à cette époque un de ses employés du nom de Nicolas
Vuarin, vint finir ses jours à l'Hôtel-Dieu.

(2) Nicolas-François Souquet, contrôleur au bureau des traites, écuyer,
sieur de la Coudraye.

(3) Antoinette-Geneviève Simon de Channazart, veuve d'Antoine-Joseph
Duvernet, morte en 1765.

niers descendants (1), et tant d'autres dont les noms se trouvent consignés dans les registres de l'état-civil de la commune.

M. J. B. Deleau, ancien vicaire de cette paroisse, où il était né et où il avait voulu finir ses jours, fut le dernier qui fut inhumé dans l'église de Bray. Il avait, de son vivant, donné à cette église plusieurs ornements d'une grande richesse, et le beau crucifix placé vis-à-vis la chaire ; et les habitants de Bray ont conservé le souvenir de sa douceur et de sa bonté pour l'enfance, à laquelle il prodiguait des images dont il savait, au moyen de planches gravées exprès, multiplier le nombre. Lorsqu'à la suite d'une courte et cruelle maladie, la mort vint en 1845, l'enlever du milieu de ses paroissiens, on voulut que son corps fût déposé dans cette église qu'il avait tant contribué à embellir. A cette époque déjà, en vertu de nouveaux décrets, les inhumations dans les églises étaient interdites ; mais il fut facile de les éluder à la faveur des évènements qui venaient d'achever la ruine du premier empire, et il fut déposé dans la chapelle de Saint-Pierre, dans un caveau creusé près des degrés de l'autel et où l'on retrouva, dit-on, une quantité d'ossements et plusieurs têtes de mort.

La Révolution n'a pas plus respecté les pierres tombales que le pavé dont elles faisaient partie. Elles furent adjugées comme lui, à vil prix, à des individus de la localité. C'est ce qui explique l'absence actuelle d'épitaphes et d'inscriptions dans une église qui, primitivement, devait en posséder un si grand nombre. Outre la pierre de M. Deleau, on n'en

---

(1) Anne-Nicolaïne-Hyacinthe Décalogue, épouse de M⁻ Pierre-Antoine Dussault de Saint-Montan.

trouvé plus aujourd'hui qu'une seule qui soit intacte, celle de M. Michel Bernard, ancien curé de la paroisse, qui fut enterré au milieu du chœur. En 1849, quand on remplaça le vieux carrelage par celui de marbre que l'on voit aujourd'hui, cette pierre fut transportée vis-à-vis le bénitier du grand portail, et on mit à sa place un carreau de marbre noir sur lequel on a gravé cette inscription :

HIC JACET

PASTOR BERNARD

OBIIT 1757.

Sur la muraille du portail qui donne sur le dépôt des pompes, on remarque encore une ancienne épitaphe latine en lettres onciales en relief du XIIIe siècle, que son mauvais état de conservation ne permet plus de lire ; et à côté se trouve le couronnement d'une autre, formé d'une ogive en accolade au-dessus de laquelle on lit ces mots en lettres gothiques fleuries :

O mater Dei memento mei.

Enfin, on voit encore, servant de seuil à chacune des deux sacristies, des fragments d'une belle pierre tombale brisée depuis 1826, et sous laquelle reposaient des seigneurs de Brunfay. On y remarque encore les restes d'une représentation en pied et gravée dans la pierre. Les inscriptions sont en beaux caractères gothiques du milieu du XVe siècle ; mais il est impossible de les rétablir intégralement. Il n'y a plus aujourd'hui de lisible que ces mots qui, comme les écussons

disposés autrefois à chacun des angles, tendent à s'effacer de
jour en jour ;

> **Cy gissent nobles hôme Mahieu de Orun**
> **escuyer seigneur.**
> **may lan mil iiiilv priez Dieu pour eulx.**

IV.

Chapelle du Saint-Sépulcre.

Quoiqu'on n'aperçoive plus aujourd'hui dans l'église de
Bray aucune trace de construction adhérente aux bas-côtés,
il est certain cependant, qu'outre ses deux chapelles de la
Sainte-Vierge et de Saint-Pierre, elle eut aussi, comme l'église
Saint-Jean de Péronne, l'église Saint-Germain d'Amiens, et les
églises du Saint-Sépulcre de Montdidier et d'Abbeville, sa
chapelle *du Saint-Sépulcre Nostre-Seigneur.* J'ai dit : outre
ses chapelles actuelles, parce que l'identité de leur construction avec celle du chœur, plusieurs documents qui nous ont
été conservés, aussi bien que la régularité du plan de l'église
elle-même, excluent pour l'une d'entre elles la possibilité
d'une construction postérieure, ou même d'un simple chan-
gement de destination.

La petite chapelle dont nous parlons ne saurait avoir été
construite à une époque antérieure à 1500, ni postérieure
à 1513 ou 1514. Voici en effet ce que nous lisons dans l'acte
de fondation de Jean Croquand, reproduisant les paroles de
son testament fait à Bray le 20 août 1515. « Veut et
» ordonne ledict Jehan Croquand incontinent après son
» trespas, estre dict et cellébré en la chapelle du Saint-

» Sépulcre Nostre-Seigneur par luy fondée en ladicte esglise
» de Bray une messe perpetuelle pour le salut des âmes de
» luy, sa feue femme, de feu Jacques Delabroye, en son
» vivant seigneur de Carnoy et damoiselle Anthoinette sa
» femme, fille aisné d'icelluy défunct Croquand qui luy
» avoient aidié à faire ladicte chapelle, et pour toute la pos-
» térité tant trépassez que vivant, pour ledict deffunct et
» eulx. »

Mais si ce texte ne laisse aucun doute, ni sur l'existence
de la chapelle, ni même sur l'époque approximative de sa
construction, il n'en est pas de même de son emplacement à
l'égard duquel nous ne pouvons établir que des conjectures.
Toutefois, l'état d'intégrité de la muraille latérale de droite,
et la coutume alors assez ordinaire de placer ces chapelles
dans le bas-côté gauche des églises, nous autorisent à penser
que celle dont nous parlons n'eut pas un autre emplacement
dans l'église de Bray. D'ailleurs, ce bas-côté, qui est loin
d'offrir la même ancienneté que celui qui avoisine la place,
puisqu'il ne fut reconstruit que vers 1775, permet de suppo-
ser, à la grossièreté de son raccord avec les parties anciennes
de la chapelle de Saint-Pierre, qu'une construction intermé-
diaire y a pu trouver place.

Il est regrettable à plus d'un titre, que cette chapelle du
Saint-Sépulcre ait été ainsi anéantie, et que rien ne vienne
plus retracer aujourd'hui aux yeux des habitants, l'expression
la plus sensible de la piété de ce Jéhan Croquand, *en son
vivant, lieutenant-général d'Ancre et de Bray-sur-Somme*,
et dont les pieuses institutions ont seules surnagé dans ce
grand naufrage des fondations religieuses, qu'ont amené à
la longue le tourbillon des révolutions et la coupable incurie
des hommes.

C'était dans cette chapelle que « chacun an et a tousjours
» au jour de vendredy, heure de huit attendant neuf heures
» du matin, devait estre chantée à diacre, soubz diacre et
» chappiers la messe en l'honneur des cinq playes que ñtre
» Seigneur Ihesus Crist souffrit, après avoir été sonnée de
» la cloche portant le nom d'icelluy deffunct Croquand par
» l'espace du pseaume *Miserere mei Deus secundum.* » Le
testament du fondateur, fait à Bray même, et l'empressement
de sa petite fille, Catherine Delabroye, à ratifier et à augmen-
ter quarante ans plus tard cette fondation, qu'à sa demande,
« ung épitaphe de cuyvre ou de pierre devait reproduire
» tout au long dans ladicte chapelle, » semblent indiquer
d'une manière assez claire que ce fut aussi auprès de cette
représentation du sépulcre de Notre-Seigneur qu'il choisit
pour lui-même et pour ses enfants le lieu de leur sépulture.
Rien cependant n'est venu jusqu'ici confirmer cette dernière
supposition. Il y a quelques années, on a enlevé derrière la
muraille bâtie sur cet emplacement, plus d'un mètre de
terre qui entretenait l'humidité dans cette partie de l'église ;
mais comme le niveau du sol extérieur est encore bien au-
dessus de celui du pavé, on n'en a retiré que quelques
pierres, comme on en retrouve partout dans le sol où s'est
amoncelée quelque vieille ruine.

V.

Tour et clochers.

Il est extrêmement difficile, vu le manque de renseignements et les transformations qu'a subies l'édifice, d'établir
aujourd'hui d'une manière bien précise quels furent, avant
la construction de la tour actuelle, l'emplacement et la forme

de ses clochers. Les archives de la fabrique, qui nous donnent des renseignements précieux sur les fondations qui ont été faites à l'église, ne nous disent presque rien de ses restaurations ni de ses changements. Ce silence qui ne peut tenir qu'à une cause, à la disparition presque totale de ses comptes, nous oblige à nous contenter sur ce sujet de quelques données que nous avons puisées dans un compte, rendu en 1680 par le marguillier en charge, et dans quelques articles de dépenses tirés des archives de la commune.

À l'époque que nous venons d'indiquer, on venait de réparer le grand clocher et de travailler à la reconstruction des deux petits, détruits probablement par suite de quelque incendie ou de quelqu'autre désastre dont nos archives ne font pas mention. A en juger par les pièces de terre vendues par la fabrique pour en payer les frais, ces travaux durent être assez considérables. En effet, sept quartiers de terre furent vendus aux frères Claude et Jean Cailleux, pour 215 livres. Quatre journaux un quartier à Nicolas Mouret de Foucaucourt pour 480 livres ; et, en vertu d'une délibération du 27 février 1678, une autre pièce de cinq journaux fut vendue à Jean Muraine, laboureur à Cappy, pour la somme de 630 livres.

Cette dernière vente des terres de Cappy et de Chuignolles, bien que faite avec *bonne foy*, avait probablement été destituée de quelque formalité, pour avoir donné à Philippe Latiffy, alors curé, des inquiétudes, et l'avoir engagé à laisser à l'église la somme de 500 livres, « faisant sa cotte
» part comme associé à la vente et aliénation des terres de
» ladicte église engageant ainsi les autres à faire de même
» pour éviter les poursuites que l'on pourroit faire cy-
» après... »

Ainsi, à partir de 1678, (et d'une époque probablement bien plus reculée encore, puisqu'on ne fit alors que *reconstruire*,) jusqu'à 1720, époque à laquelle fut élevée la tour actuelle, l'église de Bray fut surmontée de trois clochers. Le clocher principal reposait sur les deux maîtres piliers de la nef où sont aujourd'hui le crucifix et la chaire, et sur les deux plus rapprochés du côté du portail ; la tradition orale et de nombreux vestiges de maçonnerie encore visibles sous les combles, nous autorisent à émettre cette assertion. D'après la même autorité et les mêmes indices, les deux petits étaient placés à l'entrée des deux chapelles de la sainte Vierge et de saint Pierre, au-dessus des endroits où sont aujourd'hui situés les confessionnaux. Ces chapelles formaient ainsi chacune comme une petite église qui avait sa confrérie, ses fondations et ses revenus particuliers. Chacun des deux clochers latéraux avait deux petites cloches, comme il appert d'une recette du comptable en l'année précitée « de 33 livres » 16 sols, de Philippe Latiffy, provenant de la bénédiction » des quatre petites cloches, fondues par Nicolas Denain- » ville, fondeur à Amiens, et destinées aux deux nouveaux » clochers... » Quant au clocher principal, il en avait également deux, mais beaucoup plus fortes, et la vente des terres de Cappy dont nous avons parlé plus haut, avait été faite spécialement, d'après le testament de Mᵉ Latiffy, « pour, » par le prix, être fondues deux cloches pour le grand clocher de l'église... »

Cet état de choses subsista jusqu'à 1720.

A cette époque, un nouveau sinistre vint désoler la ville. Les comptes de la commune font mention d'une remise de capitation et d'une exemption de tailles en faveur de quelques bourgeois incendiés le 16 avril 1720. Aucun titre ne montre

que l'église en ait eu à souffrir ; il est probable cependant
que ce nouveau désastre ne fut pas étranger à la résolution
prise alors de supprimer les trois clochers , puisqu'une
récente réparation les mettait, ce semble, sans une cause
extérieure imprévue, à l'abri d'une destruction si rapide.
Ce qui achève de nous en convaincre, c'est que la charpente
actuelle du grand comble renferme plusieurs pièces de bois
qui conservent encore les traces évidentes d'un incendie.
Quoi qu'il en soit, ce fut pendant les années 1720 et 1721,
que ces clochers furent supprimés et que fut élevée la tour
actuelle. Elle était terminée en 1722, et le premier juin de
cette année, une ordonnance des maire et eschevins de la
ville prescrivait à l'argentier de « payer au sieur Porquez,
» architecte et entrepreneur de ladite tour, la somme de
» 118 sols pour avoir fait et relevé en bosse les armes de
» la ville apposées sur une pierre placée à la tour de
» l'église (1)... »

Cette construction, plus solide qu'élégante, est de forme
carrée, percée à sa partie supérieure de trois larges baies
légèrement ogivales, et flanquée, comme nous l'avons dit, à
chacun de ses angles, de deux piliers butants terminés, à la
naissance de la corniche, par une espèce de petit fronton à
double égoût. Du côté qui la réunit à l'église, cette tour a
été liée à la vieille muraille du portail qui, à l'exception de sa
partie supérieure et de ses rampants ornés de chardons,

---

(1) Ces armes sont : de gueules, à la fasce d'azur chargée de trois fleurs
de lys d'or. On ne les voit plus aujourd'hui figurer sur la tour, mais il existe
encore dans les caves de l'Hôtel-de-Ville deux belles pierres sculptées,
l'une aux armes de Bray, l'autre aux armes du duc de Penthièvre, provenant de l'ancienne porte de Corbie.

subsiste encore telle qu'elle a été reconstruite au XV⁰ siècle. Son ancienne porte d'entrée à arcade surbaissée, sert aujourd'hui de porte de communication avec la tour, et la grande fenêtre à pieds-droits prismatiques qui lui tenait lieu de rosace, a été presque totalement bouchée ; on n'y a ménagé qu'une entrée pour aller aux tribunes et aux orgues.

La maçonnerie de la tour terminée, près de deux années s'écoulèrent encore avant qu'on pût la mettre, par une toiture convenable, à l'abri des pluies et des rigueurs de l'hiver (1). Ce ne fut qu'en juillet 1724, qu'on manda le sieur Coquelet, « architecte royal de la ville de Péronne et arpen- » teur royal de la ville de Roye pour faire les plan, dessins,

---

(1) La raison de ce retard ne fut autre que l'épuisement des ressources de la fabrique à laquelle la commune vint en aide pour la faible somme de 110 livres. Le jour où l'achèvement de la tour fut décidé, fut un jour de joie pour les habitants. « Il fut payé à Marguerite Chopart, marchande » audit Bray, 47 livres 18 sols ; savoir : 21 livres 18 sols pour honnesteté » que l'on a fait aux charpentiers entrepreneurs et à leurs ouvriers quand » on a frappé la première cheville à la charpente de la flèche du clocher de » l'église ; plus 26 livres pour une colation quy s'est donné le jour que » M. le curé et messieurs de ville et anciens marguilliers ont été dans le » bois des Tailles marquer les arbres pour la construction de la flèche du » clocher, que mondit sieur le curé a donné gratuitement... »

Malgré leur bonne volonté et leurs efforts pour bien faire, messieurs de ville eurent encore plus d'un obstacle à surmonter et à faire plus d'une honnesteté. Il fallut recommencer quelque temps après à choyer « le nom- » mé Naillon et autres de sa compagny, qui estoient et avoient ordre de » venir à Bray pour faire des affaires à l'église à l'occation des chesnes quy » estoient sur la place dudit Bray pour la construction de la fleche du clo- » cher, cella regardant le maistre des eaux et forests de France, lequel » Naillon en est le garde quy assoupit toute chosse... Pourquoi il fut payé » à Pierre Galland, marchand, 18 livres 10 sols. » (Comptes de 1724 et 1725.)

» toisé et calullé, pris et estimacion de ce que il pourroit couté
» pour la construction du dome ou flèche à faire à l'église
» paroissiale de Saint-Nicolas de la ville de Bray, ayant été
» mandé et requis des maire et principaux habitants de ladite
» ville pour mettre le befroy à couvert à cause de pluyes
» fréquentes quy arrivent, me en ruine ledit befroy, pourquoy
» ledit sieur Coquelet a esté obligé detre en cete ville 3 jours
» pour en faire ledit plan... » Il lui fut payé pour ce travail
45 livres 4 sous. Ce qu'on appelle ici dôme ou flèche est un
toit en forme de pyramide quadrangulaire, obtus dans le sens
de la longueur de l'église, et surmonté d'une charpente qui
a été rétablie en 1861.

Cette tour dont on eût pu tirer un bon parti, en en faisant
une entrée digne de l'édifice, semble n'avoir été construite
que pour servir de réceptacle à l'horloge et aux cloches. Les
six dont nous avons parlé, et qui formaient la sonnerie des
trois clochers primitifs, y figurèrent sans doute pendant
quelque temps, car en décembre 1728, une d'entre elles,
« *la troisième des petites* » ayant été refondue, fut nommée
Marie par honorable homme Jean Deleau, marguillier en
charge, et demoiselle Anne Hirondaille, femme d'Adrien
Turquet, autre marguillier. Mais il est à croire qu'elles furent
toutes refondues dans la suite, pour former la belle sonnerie
qui existait avant la Révolution. En 1793, ces cloches étant
devenues, comme partout ailleurs, la propriété de l'état, deux
d'entre elles furent précipitées du clocher et on ne conserva
que la troisième, heureusement la plus forte et la plus belle.
Cette cloche pesant environ 1,300 kil. fut d'après son inscription, « fondue en 1767, par Philippe et Florent Cavil-
» lier de Carépuits, sous les auspices de Son Altesse sérénis-
» sime Mgr Louis-Jean-Marie de Bourbon, duc de Penthièvre,

» seigneur de cette paroisse, et bénie par maître Victor-
» Alexandre-Etienne Dupré, prêtre, bachelier de Sorbonne,
» et curé de la paroisse de la ville de Bray, les sieurs Eus-
» tache Chopart, Louis Lecocq et Louis L'hotellier étant
» marguilliers en charge. » Quant à la petite cloche qui
sert à sonner les messes de tous les jours, elle fut achetée en
1812, au sieur Vilet, de Péronne, pour la somme de
637 fr. 95 c.

VI.

Fondations.

S'il est intéressant, pour un homme fidèle au culte des
vieux souvenirs, de parcourir les archives, souvent indéchif-
frables, où se révèle dans toute sa naïve simplicité et avec sa
forte constitution, le passé municipal d'un pays, c'est encore,
ce semble, une jouissance aussi grande, de retrouver et de
parcourir quelques-uns « de ces actes de dernière volonté »
faits en faveur d'une antique église paroissiale encore exis-
tante, surtout lorsque le temps et les révolutions ont anéanti
ces manifestations de la piété des vieux âges, pour ne les
plus laisser subsister dans nos inventaires, qu'à titre de souvenirs. Si les premiers de ces documents nous montrent la
commune avec son organisation civile, établie sur des
libertés nombreuses et cependant peu préconisées aujourd'hui ; les seconds nous la montrent dans son passé
religieux, marquée du sceau de cette foi qu'elle semble avoir
puisée aux premiers siècles. Si dans les uns nous voyons la
bourgeoisie, fière de ses priviléges et de ses franchises, veiller
au bien-être des habitants et à la gloire de la cité ; dans les
autres, nous voyons encore les mêmes hommes, mais pensant

plus directement à eux-mêmes, et cherchant par de pieuses fondations, à s'assurer des secours et des prières pour le temps où eux et leurs enfants n'y pourraient plus pourvoir.

C'est donc avec un intérêt réel que nous avons compulsé ces testaments, ces vieux titres de fondations faites à l'église de Bray, et dont on ne soupçonnait même plus l'existence. Nous allons en donner ici une rapide analyse en suivant la marche adoptée par M. Guérard, dans sa patiente et consciencieuse *Histoire de l'église Saint-Germain d'Amiens* (1). Puissions-nous aussi le faire avec autant de clarté et d'exactitude !

XVIᵉ siècle. 1° JEAN CROQUAND ET CATHERINE DELABROYE. 1515 (2).

Par un testament en date du 20 août 1515, et passé à Bray, « pardevant maistre Jehan Baudet, prestre, vice-gé- » rant du curé de Bray, » Jean Croquand, qui avait été en 1504, lieutenant-général d'Albert, de Bray et de Fontaine-les-Cappy, fonda dans la chapelle du Saint-Sépulcre de l'église de Bray dont nous avons déjà parlé, plusieurs messes et services obituaires ainsi spécifiés dans ledit testament :

---

(1) *Mémoires de la Société des Antiquaires de Picardie*, t. XVII, p. 511.

(2) Il n'existe pas de fondation faite à l'église antérieurement au XVIᵉ siècle. Les archives de la fabrique renferment bien deux déclarations de relief faites à l'abbaye de Corbie, la première en 1392 par Guillaume le Vuaquez, la deuxième en 1441 par Jehan Belot pour treize journaux de terre sis au terroir d'Harbonnières, et *transmis* à l'église en 1455, mais il n'existe plus de titre de fondation. Au surplus, elle n'aurait pas existé longtemps, car nos plus anciens comptes ne font mention que d'un seul journal de terre au terroir d'Harbonnières, provenant, comme nous le verrons, de la fondation d'Antoine Décamps.

« 1° Une messe perpétuelle chūn mercredy de la sep-
» maine. S'il y avoit empeschement au iour à le retourner
» au précédant ou sequant...

» 2° Se feront quatre obitz solempnelz à vigilles et cōman-
» daces, chacun an en ladicte chappelle a laide et y com-
» prins les messes qui se diront chacun mercredy des quatre
» temps annuellement et à tousiours. Item et là où la messe
» solempnelle quy se disoit chacun vendredy de l'an en
» ladicte eglise en l'honneur des cinq plaies que nostre Sei-
» gneur Jhēus Grist souffrit ne se diroit ou seroit dellaissiée
» par celuy ou ceulx quy la font dire, il prioit et requeroit
» m^re Jacques Delabroye et dès lors consentoit et accordoit
» que la messe dudict mercredy soit convertie à entretenir
» et à cellebrer ladicte solempnelle messe chacun vendredy
» en ladicte chapelle, avec un *De profundis* pour les trépas-
» sés. »

Pour l'acquit de cette fondation, il laissait 1° trois muids
de blé de rente perpétuelle, auxquels il avait droit sur soixante journaux de terre séans en plusieurs pièces au terroir
de Chaulnes. 2° 40 sous de rente héritable que Jean Belot,
frère de sa femme, était *obligié loyaulment* de lui payer.
3° 6 livres d'autre rente perpétuelle. affectées et hypothé-
quées sur la seigneurie de Carnoy que son gendre Jacques
Delabroye avait vendue à Jean Mouquet de Péronne, et qu'il
avait lui-même racheté quelque temps après.

En 1551, dans un acte passé le 6 mai devant Postel et
Pellot, notaires à Péronne, Florent Lenoir, receveur dé
M. de Monceaulx, au nom et comme fondé de pouvoir de
noble dame Catherine Delabroye, dame de Carnoy et de
Fontaine-les-Cappy, veuve de messire François de Mon-
ceaulx, chevalier, seigneur de Villaconblay, seule héritière

de Jean Croquand, son aïeul maternel, déclara, pour l'ac-
complissement dudit testament, faire la délivrance des rentes
en grain et en argent ci-dessus spécifiées, « à la charge par
» les manesglyers et gouverneurs de l'œulvre et fabrique
» M. Saint-Nicolas de Bray faire dire chanter et cellebrer
» doresnavant par chun an, a tousiours, au iour de vendredy
» heüre de huit attendant neuf heures du matin ladicte messe
» des cinq playes nostre Seigneur... avec les obitz dessus
» déclairiés lesquels seront chantés et cellébrés au lieu, iour
» et ainsi quy dessus est dict. Et pour ce faire furnir, quérir
» et livrer par eulx et leurs successeurs pain, vin, luminaire,
» calices, aornemens et touttes aultres choses a ce néces-
» saire et entretenir les aornemens que ledict deffunct Cro-
» quand et ladite dame Catharine Delabroye ont donnez et
» léguez pour la fondation d'icelle messe et obitz, tant par
» cy-devant que ce iour d'huy, le tout marqué aux armes et
» nom d'icelluy deffunct et dame et dont ils se sont tenus et
» tiennent pour contents (1). »

Non contente de ratifier ainsi la fondation de son aïeul,
Catherine Delabroye, afin d'en mieux assurer l'exécution,
ajouta encore à ce qu'avait déjà donné le défunt, quatre
livres tournois de rente annuelle, formant avec les six déjà
fondées par Jean Croquand, la somme de 10 livres tournois
de rente. Le tout devait être pris, au jour de saint André,
sur sa terre et seigneurie de Carnoy qu'elle en avait chargée.
Cette rente était rachetable « pour le prix des ordonnances

---

(1) L'acte fait mention du seing placé auprès du nom de ladite dame au
bas de sa procuration : « Il y estoit pourtraict ung cœur, avec une croix
au-dessus au somet de laquelle et aux deux bouts du croizillon a chun des-
quelz estoit pourtraict une petite croizette. »

» royaulx. » « Quant aux trois muids de grains ainsi del-
» laissiéz et délivrez que dict est, ils sont et demeurent a
» tousiours amortis et non racheptables a iceulx avoir et
» prandre sur lesdits soixante iournaulx de terre devant dé-
» claréz... Les maneglyers dessus nōmez seront tenus et
» promettent ·faire enregistrer lesdits laiz et fondations au
» martologe d'icelle esglise, affin de perpetuer memoire et
» quil ny soit a l'advenir aulcunement discontinué. »

Par un heureux privilége, cette fondation est la seule qui
subsiste encore aujourd'hui dans l'église de Bray ; et depuis
sa première ratification, malgré de vives et nombreuses difficultés au sujet des titres de reconnaissance, les possesseurs
des terres ont toujours été maintenus dans l'obligation de lui
en payer le surcens. Il est vrai que la partie de cette fondation, payable en argent, a été aliénée par la suite des temps,
mais grâce aux mesures prises par les membres du conseil
de fabrique il y a quelques années, elle est encore suffisante
pour assurer la conservation de cette messe des cinq plaies,
qu'à l'exactitude de l'heure et à la solennité près, on est
bien aise de retrouver, telle à peu près qu'elle a été
fondée, après plus de trois siècles de vicissitudes et de révolutions.

2° ANTOINE DÉCAMPS. 1589.

En 1589, Antoine Décamps, notaire royal en la ville de
Bray, fit un testament, daté du 2 septembre, où, après avoir
prescrit dans tous leurs détails l'ordre et les cérémonies de
ses funérailles, il lègue à l'église un journal de terre sis au
terroir d'Harbonnières, à la charge d'un obit tous les ans le
jour de son décès. Nous allons le laisser parler lui-même, et

rapporter l'introduction de son testament pour donner une idée de la manière dont cette sorte d'acte était alors rédigée.

« *In nomine Dominy. Amen.* Moy Anthoine Decamps,
» notaire royal en la ville de Bray, et demant en la paroisse
» de Dieu et de Monsieur sainct Nicolas patron dudict lieu,
» estant en plaine santé sain d'esprit et de mémoire jugent
» et entendement et pour éviter aux assauts et empesche-
» mens que l'ennemy de nature quy est le dyable damne me
» pourroit foire lorsqu'il me trouveroit debyle par la maladye
» corporelle ou autrement estant prevenu de quelque infor-
» tune survenant et subite qui journellement arive à la nature
» humaine estant en ceste misérable vallée..... sans vouloir
» sortir de ce maudit monde intestat,... ay fait ce mien tes-
» tament :
» 1° Avant toutes choses, je rends et donne mon ame à
» Dieu le créateur de tout, à la glorieuse Vierge sacrée Marye
» sa mère, M^r sainct Michel ange, mons^r sainct Nicolas mon
» patron, et madame saincte Barbe, mère de confession (1)
» et à tous les SS. de la benoiste cour de Paradis...... »

Le fondateur établit ici l'ordre et le lieu de son inhumation comme nous l'avons rapporté plus haut ; il donne 40 sols à la confrérie de saint Nicolas et de sainte Barbe ; prescrit de chanter au jour de son décès et au jour de sa sépulture, une messe de *Requiem* avec vigiles et commandaces, un *Salve Regina* avec l'oremus, l'hymne *Vexilla Regis*, ensuite, une grand'messe de N. D., une de saint Nicolas et une du Saint-Esprit ; au jour de son « *bout de l'an* » il veut qu'on dise trois messes hautes avec vigiles et commandaces, puis un

---

(1) Ainsi appelée parce qu'on l'invoquait alors pour obtenir la grâce de ne pas mourir sans confession.

Stabat mater, avec le verset et l'oraison ; enfin à tous les jours dont il vient d'être parlé, il veut qu'on distribue aux pauvres femmes veuves et aux orphelins de la paroisse, « 12 septiers de blé convertis en pain » à la charge de prier pour son ame et pour ses parents vivants et trépassés.

Quant à la fondation qu'il fit à l'église, elle consistait en un journal de terre labourable sis à Harbonnières chargé de 6 deniers de cens envers la seigneurie de Feuquières, et affermé dès lors pour, « quand il porte bled, 5 septiers de » bled mesure d'Harbonnières rendu a sa maison de Bray, » à la charge d'un obit solemnel avec vigiles et commandaces, tous les ans au jour de son décès, inscrit au catalogue de l'église, et annoncé le dimanche précédent. « Lequel obit ne » pourra détourner ni escheoir en aultre jour que celui du- » dict décès, si ce n'est qu'il eschoisse les jours de Pâques, » Pentecoste, Toussaints, Noël, à peine qu'il soit loisible aux » héritiers reprandre ledit journal de terre pour en disposer » en œuvres pies à son intention, et non à leur prouffit. »

Parmi ses autres dispositions testamentaires, il en est une qui regarde un pauvre orphelin, auquel il veut qu'on donne trois setiers de blé le jour de son mariage, en récompense des bons services qu'il avait reçus de son père ; et dans le cas où il viendrait à mourir avant de se marier, ces trois setiers de blé devaient être convertis en une messe haute avec vigiles et commandaces, et « sy veut et ordonne lui » donner quelque habillement lorsque l'on le voira nud. »

En 1676, il est passé déclaration de relief à la seigneurie de Feuquières.

En 1678, saisie faite par les officiers du marquisat de Saint-Riquier (*sic*) pour le relief dudit journal de terre d'homme vivant mourant et confisquant.

Un compte de 1680 nous apprend que l'obit dont il vient d'être parlé était célébré tous les ans le jour de saint Mathieu; à cette époque le journal de terre légué rendait 100 sols. En 1776, 8 livres 3 sous 11 deniers ; en 1791, 18 livres 11 sous 1 denier.

Cette fondation ne figure plus sur le tableau de réduction de 1819.

(XVIIe siècle). 3° JEAN ET JOSEPH BRUHIER. 1608.

Jean Bruhier, ancien maïeur de Bray, contrôleur au bureau des traites, par son testament du 2 décembre 1608, passé devant Drouart Decamps et Labbé, a légué aux prédicateurs qui prêchaient en l'église dudit Bray pendant l'Avent et le Carême, la somme de 4 livres 10 sous de rente annuelle et perpétuelle, remboursable à raison du denier seize ; à la charge par les prédicateurs de prier Dieu pour son âme, pour celle de ses parents et amis vivants et trépassés, et de les recommander aux prières de leurs auditeurs à la fin de leurs prédications, tous les dimanches de l'Avent et du Carême.

Cette rente était constituée et hypothéquée sur trois journaux et trois quartiers de terre, sis au terroir d'Ablaincourt.

En 1678, les comptes n'en font pas mention.

Le 18 novembre 1718, Joseph Bruhier, sieur de La Neuville, bailly de la ville de Cambray, son arrière-petit-fils et ses frères et sœurs (1), voulant contribuer de leur côté à l'exécution de cette fondation, et avoir part aux dites prières,

---

(1) Ses deux frères étaient : Jean Bruhier, avocat au parlement, administrateur de l'hôpital général d'Amiens, et Jacques Bruhier, sieur d'Ablaincourt.

Notice.   5

au lieu de 72 livres pour le remboursement de la rente fondée par leur bisaïeul, donnèrent à l'église de Bray la somme de 200 livres, « à la charge par elle de donner perpétuellement » et à toujours ladite rente de 4 livres 10 sous aux prédica- » teurs qui prescheront l'Avent et le Carême, » avec obli- gation de la part de ces derniers de faire les recommanda- tions ci-dessus désignées.

S'il arrivait qu'il n'y eut pas de prédicateur d'Avent ni de Carême, cette rente devait être donnée à celui qui précherait la Passion ou la Résurrection ; si enfin ces derniers sermons n'étaient pas prêchés, elle devait être convertie en neuf messes basses pour le repos des âmes du testateur et de ses parents trépassés.

Jusqu'à l'époque de la Révolution, il est fait mention dans les comptes d'une somme, variant de 5 à 10 livres, donnée aux prédicateurs, tantôt pour des messes, tantôt sans dési- gnation ; il n'est pas facile de dire si cette somme leur était versée en vertu de la fondation des Bruhier ; ce qu'il y a de certain, c'est qu'à partir de 1791, il n'en fut plus question.

4° JEAN LEFEBVRE ET MARGUERITE CUVILLIER. 1610.

Le titre principal de cette fondation n'existe plus depuis longtemps aux archives de la fabrique, mais la liasse qui la concerne renferme plusieurs pièces dont nous avons extrait les renseignements suivants :

La fondation, faite primitivement par Jean Lefebvre, lieu- tenant-général de la ville et chatellenie de Bray, et Margue- rite Cuvillier sa femme, consistait en une rente de 40 livres constituée et hypothéquée sur plusieurs pièces de terre séant aux terroirs de Mametz, Fricourt et Montauban. Après la mort des fondateurs, leur fille, Marie Lefebvre, veuve de

Florent de Pinchepré, écuyer, seigneur d'Eterpigny, par un accord fait avec les curé et marguilliers de l'église de Bray, ratifia cette fondation, à la charge d'une messe haute du Saint-Sacrement à diacre et soudiacre « suivie d'aulcuns » souffraiges chacun jeudy de l'an. »

En 1618, le 22 octobre, son fils, Jacques de Pinchepré, vendit à son parent, Jean Dournel, licencié en droit et avocat à Péronne, la quantité de 100 journaux de terre, séant aux trois terroirs désignés plus haut, pour la somme de 3000 liv. 600 livrès lui furent payées comptant, et des 2400 livres formant le surplus du montant de la vente, ledit sieur Dournel s'était chargé d'acquitter plusieurs rentes, parmi lesquelles celle de 40 livres de rente remboursable en deniers principaux à raison du denier dix-huit, due à la fabrique pour la fondation de la messe du Saint-Sacrement. Peu de temps après, le nouveau détenteur des biens de Jean Lefebvre, se déchargea d'une partie de cette rente, en cédant à Philippe Fossé une pièce de terre, sise à la porte de Corbie, près des fossés de la ville, et qui fut affectée par le vendeur au paiement annuel de 4 livres de rente. Le contrat passé pardevant Decamps, notaire royal à Albert, fut ratifié par l'acheteur, le 18 mars 1634, pardevant Labbé, notaire audit lieu.

Quant aux 36 livres qui formaient le complément de la rente, elles furent exactement payées jusque vers 1646. A cette époque, Mᵉ Robert Dournel les remboursa en principal à la ville de Bray qui en demeura seule chargée. Il paraît que dès lors le paiement n'en fut plus si régulier, puisque les curé et marguilliers firent, en 1653, une *remonstrance* au lieutenant-général au gouvernement de Péronne, tendant à être autorisés à faire une saisie sur les biens de la commune affectés à son exécution, « attendu que depuis deux ans l'argen-

» tier de ladicte ville disoit n'avoir rien appartenant à icelle
» rente entre ses mains au grand intérêt de ladicte esglise
» qui est dénuée de toute commoditez et a besoing de
» grandes réparations.

En 1679, les maïeur et échevins remboursèrent cette rente pour la somme de 822 livres et dès lors il n'en fut plus fait mention.

Le tableau des fondations, dressé après la Restauration, et approuvé par les vicaires capitulaires, mentionne ainsi celle dont nous parlons : Marie Lefebvre. Montant originaire de la rente : 2 fr. 50. (Il y a ignorance ou malice dans cet énoncé, cela résulte évidemment de la déclaration suivante, qui n'est pas elle-même exacte.) Fondation ou charge : 2 obits et 12 messes du Saint-Sacrement. Rentes en 1819 : 1 fr. 66 c. Réduction : une messe basse (qui ne figure même plus aujourd'hui sur le nouveau tableau).

5" CLAUDE LE SOT. 1618-1621.

Par un testament en date du 11 mars 1618, et d'un autre du 6 juin 1621, reçu par Mᵉ Antoine Gazin, curé de l'église et paroisse Saint-Nicolas de Bray, messire Claude Le Sot, ancien curé de cette même église, après avoir établi l'ordre et le lieu de sa sépulture, déclare qu'il laisse « à la gloire de
» Dieu et de Mᵉ Saint-Nicolas de Bray, une pièce de terre
» d'une contenance de 9 quartiers, séant au-dessus du bois
» de Collemont, à la charge d'un obit annuel et perpétuel,
» qui sera chanté au jour pareil de son trespas, tant por luy
» que pour ses bienfaiteurs et pour conversion de
» l'église (sic) »

Aucun titre subséquent n'indique, ni à quel jour, ni jusqu'à quelle époque cette fondation a été acquittée.

6° QUENTIN NAVEL. 1639.

Cette fondation, l'une des plus intéressantes et tout à la fois des plus considérables qui aient été faites à l'église de Bray, portait 39 livres 17 sous en cinq contrats de rente : le 1er de 12 livres 10 sous ; le 2e de 7 livres 10 sous ; le 3e de 10 livres ; le 4e de 6 livres 17 sous et le 5e de 3 livres. Son auteur, Quentin Navel, bourgeois et ancien lieutenant-général de la ville, la constitua par un testament olographe du 18 février 1639, dont les archives de la fabrique possèdent une copie, collationnée par Labbé et Le Brethon, notaires à Péronne, le 15 juin 1641. Ce testament renferme quelques clauses trop curieuses pour que nous ne nous fassions pas un devoir de les mentionner ici.

Après avoir demandé à être enterré dans l'église auprès de ses père et mère, et prescrit de payer *quatre franc* pour l'ouverture de la fosse, « il donne à l'hotel Dieu de Paris » dit aux Quinze-Vingtz à chacun cinq solz affin de gaigner » les pardons qui y sont conceddé. » Il veut qu'on distribue aux pauvres, le jour de son enterrement, trois septiers de blé convertis en pain, et à chacune des treize plus pauvres femmes veuves qui assisteront à ses funérailles, un quartier de blé et un cierge d'ung carteron de cire. Quant à sa fondation, voici comme il l'établit :

« Je donne et délaisse à la confrairye de sainct Nicolas (1)

---

(1) La confrérie de Saint-Nicolas eut pendant quelque temps ses comptes et ses revenus particuliers. Mais ses biens comme ses charges furent plus tard confondus avec les biens et les charges de la fabrique. Il en fut de même de la confrérie de N.-D. qui avait 10 journaux de propriété. Quant à celle de Saint-Nicolas, elle possédait, en 1675, 91 journaux de terre et son revenu était de 100 livres. Parmi ses dépenses figurait le montant d'une paire de gants, fournis chaque année au roi de la chandelle.

» et saincte Barbe la somme de quarante liures de rente quy
» seront prins sur les rentes qu'il mest deubz..... pour satif-
» faire à la constitution de ladicte rente mes héritiers ne
» iouiront poinct du revenu des terres de Cappy, de Chuignes
» et d'Encre que premièrement ilz n'aient satiffait à la con-
» currence de la somme de quarante livres de rente et
» prendront lesdicts revenus diceux terre pour y satiffaire,
» à la charge que ladicte confrairye sera tenue de faire dire
» chanter cellebrer à basse voix (*sic*) tous les lundy, ven-
» dredy et sabmedy de la sepmaine une messe quy sont trois
» messes par sepmaine a tousiours telle qu'il se disoit les
» temps passé que l'on nommoit la messe de Nostre-Dame,
» et se diront depuis Pasques iusque après aoust entre
» quatre et cinq heure du matin, et depuis l'après aoust
» iusque à Pasques à six heure du matin et le soner avecq
» la cloche com on la sonoit le temps passe avec la 3ᵉ cloche,
» et le pᵗʳᵉ quy cellebrera les dites messes sera tenu avant
» que laver ses mains recommander au peuple les âmes des
» trépassez et luy de dire le pseaume *De profundis* avecq
» l'oraison et est ma dernière volonté. Et s'il y a mancqué
» audit service à ses conditions ou que l'esglise ne vœule
» accepter ladit rente ilz le pourront baillier à l'hostel Dieu
» pour descharger lesdictes messes ou sy lesglise accepte
» ladicte rente et quilz viengnent a dellaissier lesdites messes
» mes héritiers ou successeurs pourront reprendre ladicte
» rente et en faire distribution pour marier tous les ans une
» pauvre orpheline telle quilz choisiront sy ce n'est en cas
» de guerre à l'estranger. En oultre pour cellebrer ladicte
» messe mes héritiers seront tenuz d'achepter ung calice
» d'argent en la valleur de vingt à vingt-cinq escus, missel,
» deux aubes et une chasuble, et ce pour une seulle fois... »

Les marguilliers ne se pressèrent point d'accepter cette fondation. Mais étant mis en demeure de le faire par Nicolas de Pinchepré, avocat au parlement, exécuteur testamentaire de Claude Dupont, veuve d'Antoine Poullain qui avait été lui-même le neveu et l'exécuteur testamentaire de Quentin Navel, ils l'acceptèrent le 5 mai 1686.

Un acte passé devant Capperon, notaire à Péronne, le 19 décembre de la même année, porte la déclaration et la tradition des rentes et legs sus mentionnés.

Cependant les marguilliers qui s'étaient longtemps attendus à mieux, et qui n'avaient pour ainsi dire donné leur acquiescement que sous bénéfice d'inventaire, profitèrent d'une visite que l'archidiacre d'Amiens fit dans leur église, pour lui en demander la réduction. En conséquence, l'archidiacre, vu les pièces concernant ladite fondation ; ouï les curé et marguilliers, ainsi que les maïeur et échevins présents à la visite, de l'avis de M. Tardy, curé d'Encre et doyen de chrétienté du lieu, et de M. Charles Lefèvre, curé de Chuignolles, décida que pour le repos de l'âme dudit Quentin Navel, il serait dit et célébré en ladite église, tous les samedis de chaque semaine, une messe *De Beâtâ* à basse voix, pour laquelle il serait donné de rétribution au curé la somme de 10 sols, le surplus à la fabrique.

L'acte daté du 11 mai 1688 est signé : *Forcedebras, Tardy* et *Lefèvre*.

Réduite de nouveau à dix messes basses en 1819, cette fondation n'existe plus aujourd'hui.

7° ELISABETH VACQUETTE. 1645.

Par un testament daté du 5 octobre 1645, et reçu au domicile de François Eloy, poissonnier, demeurant au faubourg de Sobothécluse, paroisse Saint-Quentin Capelle de Péronne, Elisabeth Vacquette, femme dudit Eloy, légua à l'église de Saint-Nicolas de Bray la somme de six vingts livres, à prendre après le décès de son mari sur sa part et portion de la maison où ils faisaient leur demeure ; à la charge par ladite église de faire dire et chanter à l'intention et pour le salut de l'âme de ladite testatrice, le service complet le jour de sainte Elisabeth, savoir : la veille : vêpres ; le jour : matines, laudes, messe et vêpres du jour, et le lendemain messe des trépassés aussi haute.

La rente au principal de 120 livres mentionnée au présent testament, a été remboursée par le sieur Florent Loison, propriétaire de la maison dont il s'agit, le 11 mai 1778.

8° PIERRE DECAMPS. 16...

La disparition des titres de cette fondation fait qu'on en ignore la date précise. Un compte de 1678 nous apprend qu'elle consistait en une rente annuelle et perpétuelle de 50 sols, donnée par feu Pierre Decamps, notaire royal à Albert, constituée sur trois journaux de terre séant à la Mariolle, à la charge d'un obit solennel par chaque année, au huitième jour d'octobre, avec le *Libera* à la fin de la messe.

Son revenu en 1849 ne s'élevant plus qu'à 1 fr. 11 c., elle fut réduite à une messe basse. On l'a laissé éteindre depuis cette époque.

9° ANTOINETTE GAFFET. 16...

En parcourant le même compte de 1678, nous retrouvons une seconde fondation dont l'époque n'est pas mieux connue que la précédente, c'est la fondation d'Antoinette Gaffet.

Elle consistait en une rente annuelle de 100 sols, créée et constituée sur une maison et un héritage, tenant d'un bout au marché au blé et d'un long au presbytère ; et sur un pré tenant au chemin de Cappy, à la charge d'un obit, avec le *Libera* à la fin de la messe, tous les ans, le vingt et unième jour de janvier.

Il fut passé un nouveau titre de cette fondation, le 10 janvier 1772.

Réduite à deux messes basses en 1819, elle partagea depuis, par la négligence de l'administration, le sort de la précédente.

10° CHARLES CLARENTIN. 16...

D'un article des comptes de 1678 et 1679, il résulte que Charles Clarentin avait donné à l'église, à une époque qui n'est pas déterminée, une rente annuelle de 7 livres 2 sous en deux parties, à la charge d'un obit par an et d'un *Stabat mater* à l'issue de la messe paroissiale de chaque dimanche.

En 1692, Jean Masson, débiteur d'une partie de la rente, savoir : soixante-quatorze sous pour sa maison rue de Corbie, et cinq sous pour la confrérie de Saint-Nicolas, versa 79 livres pour le remboursement de cette rente, suivant acte passé au greffe de l'échevinage le 18 mai de ladite année... Réduite à une grande messe et un *Stabat* le Jeudi-Saint en 1819.

11° PAQUETTE DROULAIN. 1681.

Dans un testament du 11 juin 1681, reçu par Antoine Caussin, vicaire de Bray, en l'absence de M. le curé à cause de sa maladie, Paquette Droulain a légué à l'église Saint-

46

Nicolas un journal de terre en trois pièces, à la charge, par ladite église, de chanter à perpétuité deux obits chaque année, l'un pour François Leroux, son mari, le second pour elle, au jour anniversaire de leur décès. Ces obits devaient être annoncés le dimanche précédent, au prône de la messe paroissiale. L'acte d'acceptation par les marguilliers est daté du 28 octobre suivant.

A partir de cette époque, on ne la voit plus figurer dans aucun compte.

12º LAURENT BORÉ. 1684.

Son testament, reçu par M. Varanguien, curé de Bray, est daté du 23 avril 1684. Laurent Boré, charron, demeurant à Bray, a légué à l'église paroissiale dudit lieu, un demi-journal de terre, séant au chemin de Bray à Albert, à la charge d'une messe haute des trépassés avec *Libera* à la fin, tous les ans, au jour anniversaire de son décès. Cette fondation fut acceptée le 18 novembre 1685. Elle n'est plus mentionnée sur aucun tableau.

13º PHILIPPE LATIFFY. 1693.

Par son testament du 25 février, il témoigna qu'il voulait être enterré à l'entrée de l'église d'Aveluy, dont il était curé ; laissa aux pauvres d'Aveluy 20 livres ; 20 livres aux plus pauvres d'Albert, pareille somme à ceux de Bray, et légua à l'église de Bray, son ancienne paroisse, ses ornements de damas blanc, deux tuniques, une chasuble et la somme de 500 livres, à la charge d'un obit solennel qui devait être célébré tous les ans, au jour anniversaire de son décès, et une autre messe de Notre-Dame, chaque année, au jour de la Visitation, avec mémoire d'un prêtre trépassé.

Le 10 janvier 1772, reconnaissance devant Pellot, d'une partie de la rente, constituée sur une pièce de terre sise devant la tour Faurel (1).

Réduite en 1819 à une grand'messe qui ne se dit plus aujourd'hui.

14° MADELEINE BARDOU ET GUILLAIN DE PROYART. 1694.

Suivant testament reçu par Latiffy, notaire à Albert, le 1er mars 1694, et en exécution d'un autre testament de Guillain de Proyart, son mari, fait le 17 octobre 1692 devant le

(1) Cette fondation occasionna par la suite bien des difficultés. Lorsqu'on vendit en 1678 les terres de Chuignolles et de Cappy, le curé qui possédait la moitié du revenu, n'en voulant pas être privé, les maïeur et eschevins convinrent de lui payer annuellement 2 setiers et demi de blé jusqu'à ce qu'on remplaçât ces terres par d'autres. Plus tard Philippe Latiffy ayant fait le legs dont nous venons de parler, on acheta pour assurer sa fondation, avec une partie de la somme léguée (170 liv.) deux journaux de terre, sur l'un desquels cette fondation fut hypothéquée. Le reste de la somme (330 liv.) demeura entre les mains de Pierre de Varanguien, neveu du testateur, qui, au lieu de l'employer selon le désir implicite de son oncle, à retirer lesdites terres, le garda en son pouvoir et le fit servir à l'embellissement de son presbytère. A sa mort une longue procédure s'éleva ; ses héritiers ne s'en retirèrent que pied à pied. Une première sentence les ayant condamnés à évacuer le presbytère sous huit jours, une autre les obligea encore à faire les frais des réparations provoquées par l'incurie de leur parent. Ils se retranchèrent enfin dans la demande de vingt-neuf années d'arrérage des 2 setiers et demi de blé, qu'ils prétendaient être dus à Me Varanguien, bien que depuis longtemps il en eût donné décharge aux maïeur et échevins, et qu'au surplus, la somme restant du legs de Philippe Latiffy, l'en eût amplement indemnisé. Une dernière sentence vint encore les débouter de cette dernière demande. — Les requêtes, significations et sentences de cette procédure qui dura douze ans, forment une liasse considérable aux archives de la fabrique.

même notaire, Magdeleine Bardou laissa à l'une de ses filles, une pièce de terre de six quartiers au terroir de Bray, chemin de Suzanne, à la charge par elle de faire célébrer annuellement un obit, au jour anniversaire du décès de la testatrice, pour le salut de son âme, de celles de son mari et de ses parents trépassés. Pour rétribution de cet obit, la pièce de terre était grevée d'un revenu annuel de 70 sols.

XVIIIe siècle. 15° JEAN DELEAU. 1719.

Un testament, reçu le 23 mai 1719 par Pellot, porte que Jean Deleau a fondé dans l'église de Bray les vêpres du Saint-Sacrement, avec exposition et procession solennelle au jour de saint Jean-Baptiste, pour le repos de son âme. La rétribution était de 3 liv. 2 s. dont était chargé un héritage amasé, tenant d'un bout à la rue du Castel, d'un long à la rue des Juifs et de l'autre à la rue des Vaches.

Titre nouvel devant Pellot le 31 décembre 1771.

16° MARIE-THÉRÈSE DE PROYART. 1719.

L'acte de fondation n'est autre que le testament même de Thérèse de Proyart, femme de François Leroux, laboureur, reçu par Pellot le 9 novembre 1719. Cette fondation consistait aussi en un obit à vigiles et commendaces qui devait être célébré tous les ans le jour de son décès. Elle laissait pour rétribution, la somme de 66 liv. et 10 s. de rente annuelle, constituée sur un demi-journal de terre tenant au cimetière de la ville.

Titre nouvel devant Pellot le 28 décembre 1771.

17° HENRI CARON ET MARIE BELLANGER. 1725.

D'un acte passé pardevant Pellot, le 25 janvier 1725, il résulte qu'Henri Caron, bourgeois de Bray, pour et en exécution de la volonté de sa femme, a fondé un salut du très Saint-Sacrement, avec exposition, le premier jour de l'an ; et une messe de la sainte Vierge à haute voix, le samedi dans l'octave de l'Ascension. Cette fondation devait être mise à exécution immédiatement après le décès de Marie Bellanger, et les fondateurs avaient donné à cette fin la somme de 6 liv. de rente annuelle, dont était chargée une pièce de terre sise à l'endroit nommé la Table-Ronde, chemin de Cappy à Albert ; mais les curé et marguilliers ayant refusé de l'accepter, à cause de l'insuffisance du revenu, Henri Caron y ajouta 40 sous de rente annuelle, créés sur un héritage amasé rue du Castel, tenant d'un long au ruisseau du pont Barré, de l'autre à la ruelle qui conduit à la Somme. Ainsi complétée, la fondation fut acceptée ; et pour sa décharge l'église dut donner 35 sous au curé, 24 pour les clercs assistants, le reste à la fabrique.

Titre nouvel le 28 décembre 1771. Déclarée non réductible en 1819, cette fondation, comme quelques-unes des suivantes, a été, faute de nouvelles reconnaissances, laissée à la dévotion des détenteurs.

18° JACQUES GAUTHIER. 1730.

En vertu d'un acte passé devant Pellot, le 31 octobre 1730, Nicolas-François Souquet, au nom et comme fondé de pouvoir de M. Jacques Gauthier, maître chirurgien, demeurant faubourg du Roule, greffier et tabellion des prévôté et mairie du pont de Neuilly, dudit Roule, château royal de Madrid et leurs dépendances, et de demoiselle Françoise Leclercq, son épouse, céda au sieur Doublet une maison et un héritage, sur lesquels fut affectée une fondation de 100 sous de rente annuelle à l'église de Bray, faisant 100 livres au principal, non rachetable, à la charge d'un ou plusieurs saluts avec exposition du Saint-Sacrement, à tels jour et heure que les curé et marguilliers voudraient bien choisir dans l'année. Voici comme il déterminait l'ordre de ces saluts : à la première bénédiction, l'*Ave salus mundi*, ensuite un répons à la sainte Trinité avec verset et *Gloria*, puis le *Te Deum*. A la seconde bénédiction l'*Ave verum*, et finir par le *De profundis* pour les trépassés.

Les membres du conseil de fabrique, « pour d'autant plus
» faciliter la dévotion du sieur Gauthier et de son épouse,
» ont accepté ladite fondation qu'ils ont déterminée et fixée
» à un salut du Saint-Sacrement le 1er may, jour de saint
» Jacques et de saint Philippe, et une grand'messe le jour de
» sainte Anne, le tout sous le bon plaisir de Mgr l'illustrissime
» et révérendissime Evêque d'Amiens. »
Nouveau titre du 31 décembre 1771. — Messe haute simple en 1819.

19° MARGUERITE MERCIER. 1731.

La fondatrice, dans son testament reçu par Pellot, le 17 février, légua à l'église la somme de 100 sous de rente annuelle, à prendre sur sa part et portion de deux héritages sis à La Neuville (chemin du vieux moulin à huile brulé) ; à la charge de chanter les vêpres et le salut du Saint-Sacrement le jour

de saint Jean l'Evangéliste, pour les âmes de Jean Mercier
et Antoinette d'Estrées, ses père et mère, avec le *De profundis* à la fin.

La même testatrice a ensuite affecté au paiement d'une
nouvelle rente de 6 livres, non rachetable, en faveur de
ladite église, trois quartiers de terre sis à Etinehem, et une
maison, tenant d'un bout à la rue du Castel, de l'autre au
ruisseau de Montplaisir, et d'un long à la rivière de Somme ;
à la charge d'un nouveau salut du Saint-Sacrement, avec
De profundis pour le repos de son âme et celle de Jean
Martin, son mari, le lendemain de Pâques de chaque année,
et de deux obits, l'un au jour de son décès, l'autre le jour
du décès de son mari.

Reconnaissance de la première partie par les héritiers
devant Pellot, 28 décembre 1771.

20ᵈ ADRIEN TURQUET ET ANNE HÉRONDAILLE. 1733.

Par un acte passé devant Pellot le 11 janvier 1733, Anne
Hérondaille, veuve d'Adrien Turquet, ancien marchand et
laboureur à Bray, en exécution de la pieuse volonté de son
époux, a déclaré fonder, pour le repos de l'âme du défunt et
de la sienne, les vêpres, salut et exposition du Saint-Sacrement avec le *De profundis* à la fin, tous les ans le jour de la
Nativité de la sainte Vierge. De plus, un obit consistant en
vigiles à trois leçons, grand'messe et *Libera*, le neuvième
jour du mois de septembre de chaque année. Pour l'acquit de
cette fondation, elle a donné à l'église, les curé et marguilliers comparant et acceptant, la somme de 6 livres de rente
annuelle, sans qu'il fût loisible à ses héritiers de la pouvoir
amortir. Elle était constituée sur un quartier de chanvrière,

près de la porte du Huicquet, et sur trois quartiers de terre près du bois de Collemont.

Titre nouvel devant Pellot, le 28 décembre 1771.

En 1819, le montant de cette rente comme celui de la fondation précédente était encore intégralement payé (1).

21° JEAN POLLEUX. 1741.

Jean Polleux, tisserand, mort à Bray le 29 mars 1741, a, dans son testament reçu le 25 par Pellot, légué à l'église la somme de 3 livres 10 sous de rente annuelle au jour de Quasimodo, à prendre généralement sur tous ses immeubles, en quelque endroit qu'ils soient situés ; à la charge par ladite église de chanter tous les ans, à dater de l'année de son décès, le jour même de Quasimodo, les vêpres, salut, exposition du Saint-Sacrement, « avec les litanies propres à cet auguste » mystère à la procession, » et un *De profundis* à la fin, à l'intention du testateur.

Cette fondation, acceptée le 11 avril de la même année, fut ratifiée de nouveau devant Pellot, le 8 juin 1772, et déclarée non réductible en 1819.

22° FRANÇOIS WARLUZEL. 1741.

Par testament daté du 30 mars, reçu par le même notaire, François Warluzel, laboureur, a laissé à la fabrique la somme de 3 livres 10 sous de rente annuelle et non rachetable,

______

(1) On remarquera que dans presque tous les contrats de rente, faits au XVIII° siècle, les fondateurs ajoutent cette clause : non rachetable. Ils avaient compris le vice des fondations antérieures.

payable tous les ans au quatrième jour d'octobre, et constituée sur un héritage donnant d'un côté sur la rue des Corps; à la charge par elle de faire chanter chaque année, à partir de celle qui suivra le décès du testateur, au quatrième d'octobre, un obit pour le repos de son âme.

Titre nouveau par les héritiers devant Pellot, le 28 décembre 1771.

La rente était encore la même en 1819, et l'obit fut réduit alors à une grand'messe.

23° NOEL MOREL. 1743.

Suivant son testament reçu par le même Pellot, le 16 mars 1743, contrôlé à Albert le 18 juin 1768, Noël Morel fonda à perpétuité dans l'église de Bray, le jour de la Purification de la sainte Vierge les vêpres, salut et procession du Saint-Sacrement, avec le *De profundis* à la fin pour le repos de son âme, et de celle de Louise Delamotte, sa femme. La fondation fut acceptée le 7 janvier 1770, sous la rétribution annuelle de 3 livres 2 sous de rente non rachetable, à prendre sur un demi-journal de terre labourable près du Calvaire, tenant d'un bout au fossé de la Maladrerie, de l'autre au chemin d'Albert.

En 1819 elle n'était pas réductible, la rente étant encore intègre.

24° CHARLES TURQUET. 1765.

La disparition des titres de cette fondation nous laissant dans l'ignorance relativement à la date de sa constitution, nous la mentionnons à l'époque de la pièce la plus ancienne qui la concerne. C'est une sentence d'Albert, du 4 mars

1765, rendue à la requête des curé et marguilliers contre les héritiers, pour sa ratification ; d'après ce document, la fondation consistait en une messe chantée au jour de saint Charles, plus un salut du Saint-Sacrement à l'intention dudit Charles Turquet, qui avait, pour rétribution de cette fondation, constitué une rente annuelle de 6 livres sur un héritage tenant d'un bout à la rue du Castel, de l'autre à la rue Perdue.

Reconnaissance et titre nouveau devant Pellot, le 28 décembre 1771. Le revenu n'avait pas changé en 1819.

25° SIMON TURQUET. 1771.

Il en est de cette fondation comme de la précédente ; les titres n'existent plus aux archives ; on n'y voit qu'une reconnaissance faite par-devant Pellot le 28 décembre 1771. Seulement, la couverture de la liasse qui les concernait porte cette désignation : copie de la fondation et son acceptation reçue par Pellot, le 24 octobre 1729 ; et le tableau dressé en 1819, nous apprend qu'elle consistait en 6 livres de rente annuelle pour les vêpres et salut du Saint-Sacrement chanté le jour de la Chandeleur. (Ce qui devait faire, avec la fondation de Noël Morel, deux saluts le même jour (1).

Après ce qui vient d'être dit des fondations faites à l'église

---

(1) Les archives de la fabrique où furent puisés tous ces détails, avaient été inventoriées avec soin par M. Dupré, curé de Bray, quelques années avant la Révolution, mais elles avaient été depuis traitées avec fort peu de respect. Elles viennent d'être tout récemment remises en ordre par M. Josse l'un des fabriciens actuels, auquel l'auteur doit d'utiles renseignements sur les antiquités de Bray. Ces archives, classées par lui, comprennent soixante-dix articles en deux parties. La première partie, qui contient les titres et papiers de 1500 à 1789, forme à elle seule cinquante-quatre articles, décrivant 395 pièces. Le surplus est relatif aux archives modernes.

de Bray, on ne peut se faire encore une idée juste de l'importance de ses revenus, qu'en jetant les yeux sur les baux et les titres de ses terres. A l'époque de la Révolution, elle possédait, d'après un plan dressé en 1766, 152 journaux de biens, en cinquante-deux pièces situées en différents terroirs, et le chapitre de ses recettes montait alors (1791) à plus de 2400 livres. Tout a été vendu comme bien national, et à l'heure qu'il est, il ne lui reste plus que 2 hectares 80 ares de terre à Herbécourt, Flaucourt, Etinehem et Morlancourt.

VII.

Cure et Curés.

Nous ne terminerons pas cette notice sur l'église de Bray sans rappeler les noms de quelques-uns des curés qui l'ont administrée.

Avant la Révolution, l'église de Bray, avec l'hôpital et les chapelles, faisait partie du doyenné d'Albert, qui formait la troisième chrétienté du diocèse. Chacun sait qu'à cette époque, le doyen n'était pas toujours, comme aujourd'hui, le curé de l'église principale, mais bien l'un des curés du doyenné au choix de l'évêque et quelle que fut sa cure ; aussi trouve-t-on dans les papiers de la fabrique le nom de plusieurs curés de Bray avec la qualification de doyen de chrétienté d'Ancre. La cure était à la nomination de l'abbaye de Saint-Riquier, qui lui devait une gerbe de sa part et portion de dîme, sur les terres les plus rapprochées de la ville et sur celles de la châtellenie. Mais aussi pour être pourvu du bénéfice, le curé devait avoir pris ses grades, et c'est ce qui fait que nous les voyons tous s'intituler maîtres ès-arts ou bacheliers de Sorbonne.

Voici la liste de ceux dont le nom s'est rencontré dans nos recherches :

1551. Jacques LEFEBVRE, qualifié dans un acte de la fabrique de honneste et scientifique personne.

1606. Firmin RUTHE.

1608. Claude LESOT.

1618. Antoine GAZIN.

1626. Antoine LE CARON.

1633. Pierre-Valentin DE FRANQUEVILLE.

1642. Firmin PIGNON.

1645. Antoine CAVELLE.

1650. Nicolas LEULLIER.

1657. Adrien DÉCAMPS.

1670. Philippe LATIFFY. Il se démit en 1680, en faveur de son neveu qui suit, de la cure de Bray pour la cure d'Aveluy, où il mourut le 19 septembre 1693.

1680. Pierre DE VARANGUIEN. Il fut curé de Bray jusqu'à sa mort arrivée le 12 février 1724, c'est-à-dire pendant quarante-trois ans.

1724. Pierre-Nicolas DEVILLE. Il passa en 1730 à la cure d'Albert, et pendant la vacance de quelques mois qui suivit son départ, les fonctions furent remplies par Claude CAIRIELLE, « prêtre charitable de Saint-Estienne de Corbye qui en fut le desserviteur par ordre de M. le doyen curé. »

1731. Michel BERNARD. Il mourut en 1757, à l'âge de cinquante-trois ans.

1757. Pierre-Damien HAUDICQUER DU QUESNOY.

1767. Victor-Alexandre-Etienne DUPRÉ. Il avait un frère, prêtre en même temps que lui, et qui fut curé d'Ailly. Tous deux originaires de Mailly, ils traversèrent ensemble avec courage les épreuves de la Révolution. M. Dupré de Bray fut un homme d'intelligence et de cœur ; pendant près de deux ans, il prit en main, comme maire, les intérêts matériels de la cité, alors qu'en le remplaçant par un curé constitutionnel, on lui en avait été la direction spirituelle comme pasteur. Obligé d'émigrer en 1793, il mourut en Hollande où il avait été chercher un asile. Si Dieu veut qu'un jour nous fassions paraître les notes que nous avons recueillies sur l'histoire de la ville, nous aurons plus d'une fois l'occasion de signaler la sagesse et l'habileté de cette insolite administration.

1802. PÉDOT. Il quitta Bray en 1816, pour devenir chanoine titulaire de la cathédrale d'Amiens. Après son départ, la vacance jusqu'à la nomination d'un nouveau titulaire fut remplie par M. CLABAULT, aujourd'hui doyen du chapitre de la cathédrale.

1818. LÉMÉRÉ. Mort à l'âge de quatre-vingt-neuf ans.

1847. VIALARD.

Nous croyons devoir joindre à la liste des curés et des doyens qui ont été successivement chargés de la paroisse Saint-Nicolas de Bray, la liste de leurs vicaires. Pour la plupart, ils n'ont fait que passer au milieu du peuple de Bray ; mais si court qu'y ait été leur séjour, il a été marqué, à différentes époques, par l'abnégation et par le dévouement, et c'est assez, pour que selon l'expression de l'apôtre, on se souvienne d'eux en imitant leur foi. (*Heb.* 13. 7.)

1565. ALLART (Antoine). Il paraît cette année à la rédaction des coutumes de Péronne.

1668. CARON.

1681. CAUSSIN (Antoine). Il reçut, comme nous l'avons vu, le testament de Pasquette Droulain, et fut vicaire pendant dix-huit mois.

1683. ROGERÉ (Honoré). Ancien curé de Caix.

1694. CHOPART (Gentien). Il fut desserviteur et puis curé de La Neuville en 1696.

1700. GARDE

1708. DÈCLE.

1710. LATIFFY. Jusqu'au mois de février 1711.

1711. VARANGUIEN (Jean). Jusqu'au mois d'octobre de la même année.

1711. FOURNIER. Jusqu'en décembre 1712.

1712. DE REVELLE.

1714. MARTIN (Fursy).

1715. BOQUET.

1716. DE LANNOYE.

1720. LEROUX. Qui fut ensuite curé d'Equencourt.

1723. GOSSELIN (Adrien).

1730. DELACOURT.

1742. LEROUX.

1750. TURQUET.

1751. HÉNAUX.

1752. MARTIN. Il quitta en 1758 le vicariat de Bray pour la cure de Guerbigny.

1758. THORY.

1759. MOURIER.

1763. L'HOTTE.

1766. FOURSY.

178... DELAMBRE. Après la Révolution on le voit occuper la cure d'Etinehem.

1806. DELEAU.

1816. CLABAULT.

1818. D'HEILLY.

1828. CARPENTIER.

1831. VÉRET.

1833. CELEYRETTE.

1836. VIALARD.

1847. LEFEBVRE.

1853. BRUNEL.

1857. HUE.

1859. J. GOSSELIN.

1861. BLOND.

FIN.

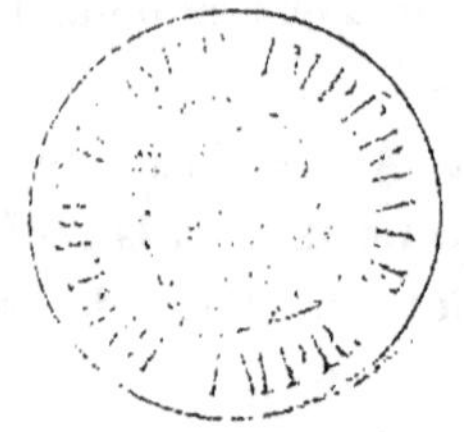

AMIENS. — IMP. DE LENOEL-HEROUART.

www.ingramcontent.com/pod-product-compliance
Lightning Source LLC
Chambersburg PA
CBHW061318060726
47596CB00003B/954